insel taschenbuch 4966
In den Himmel schauen

In diesem Band sind Gedichte versammelt, die einen beim Anblick von Wolken, Regenbögen, Vögeln, Schmetterlingen, Pusteblumen, Luftballons, Blättern, Schnee, Glühwürmchen, Sonnenuntergängen, Sternschnuppen, einem Feuerwerk, dem Mond u.v.m. zum Träumen, Seufzen, Schwelgen bringen – Gedichte also, in denen ein kurzer poetischer Augen-Blick die Welt erleuchtet, und Gedichte, die den Glücks-Vorrat auffüllen.

Mit dabei sind Maya Angelou, Rose Ausländer, Elisabeth Borchers, Bertolt Brecht, Hilde Domin, Joseph von Eichendorff, Goethe, Peter Handke, Hermann Hesse, Mascha Kaléko, Rainer Malkowski, Eduard Mörike, Rainer Maria Rilke, Joachim Ringelnatz, Thomas Rosenlöcher, Eva Strittmatter u.v.m.

In den Himmel schauen

Gedichte zum Träumen

Ausgewählt von Clara Paul

Insel Verlag

Erste Auflage 2023
insel taschenbuch 4966
Originalausgabe
© Insel Verlag Anton Kippenberg GmbH & Co. KG, Berlin, 2023
Alle Rechte vorbehalten. Wir behalten uns auch eine Nutzung des Werks für
Text und Data Mining im Sinne von § 44b UrhG vor.
Quellennachweise am Schluss des Bandes
Umschlaggestaltung: Designbüro Lübbeke Naumann Thoben Köln
Umschlagabbildungen: vasabii/iStock by Getty Images, München
Satz: Satz-Offizin Hümmer GmbH, Waldbüttelbrunn
Druck: CPI books GmbH, Leck
Printed in Germany
ISBN 978-3-458-68266-0

www.insel-verlag.de

Inhalt

Gras unter dem Rücken und oben nichts

Windgeschenke

Himmelweite Begegnungen

Mondbeglänzte Zaubernächte

Sozusagen grundlos vergnügt

Gras unter dem Rücken und oben nichts

Joachim Ringelnatz
Sommerfrische

Zupf dir ein Wölkchen aus dem Wolkenweiß,
Das durch den sonnigen Himmel schreitet.
Und schmücke den Hut, der dich begleitet,
Mit einem grünen Reis.

Verstecke dich faul in der Fülle der Gräser.
Weil's wohltut, weil's frommt.
Und bist du ein Mundharmonikabläser
Und hast eine bei dir, dann spiel, was dir kommt.

Und lass deine Melodien lenken
Von dem freigegebenen Wolkengezupf.
Vergiss dich. Es soll dein Denken
Nicht weiter reichen als ein Grashüpferhupf.

Rainer Malkowski

Das Gras

Eine Einladung,
der ich viel zu selten
gefolgt bin.

Auch das ist ein Versäumnis,
das schwer wiegt.

Ausgestreckt unter freiem Himmel,
den Augenblick
mit dem ganzen Körper berührend.

Und zufrieden
mit nichts
als einem Halm im Mund.

Angela Krauß

Gras unter dem Rücken und oben nichts

Gras unter dem Rücken und oben nichts
als zartblauer Überfluss,
Nahrung zum Aufatmen,
zum Himmelsschüsseln leeren,
Vorrat für bacchantische Tag- und Nachtmähler
lebenslang, zum Schwelgen und Schlürfen
für Nüstern und Lungenzungen
und das vor Mut strotzende Herz.
Gesorgt wär für alle und
eine unendliche Geschichte.

Arno Holz
Mählich durchbrechende Sonne

Schönes,
grünes, weiches
Gras.

Drin
liege ich.

Inmitten goldgelber
Butterblumen!

Über mir ... warm ... der Himmel:

Ein
weites, schütteres,
lichtwühlig, lichtblendig, lichtwogig
zitterndes
Weiß,
das mir die
Augen
langsam ... ganz ... langsam
schließt.

Wehende ... Luft ... kaum merklich
ein Duft, ein
zartes ... Summen.

Nun
bin ich fern
von jeder Welt,

ein sanftes Rot erfüllt mich ganz,
und
deutlich … spüre ich … wie die
Sonne
mir durchs Blut
rinnt.

Minutenlang.

Versunken
Alles … Nur noch
ich.

Selig!

Elisabeth Borchers
Sommertag

Von Burg zu Burg
der Flug des Falken.
Von Blatt zu Blatt
das Flimmern eines Falters.
Erleuchtet ruhn die frommen Schafe.
In Eichendorffscher Sprache spricht der Bach.
Das Korn hat Gegenwart
und Zukunft hat das Gras.
Flüchtig ist die Heerschar weißer Wolken.
Und hoch, viel höher noch
ein Stück von Salomonis blauer Seide.

Hermann Hesse
Blauer Schmetterling

Flügelt ein kleiner blauer
Falter vom Wind geweht,
Ein perlmutterner Schauer,
Glitzert, flimmert, vergeht.

So mit Augenblicksblinken,
So im Vorüberwehn
Sah ich das Glück mir winken,
Glitzern, flimmern, vergehn.

Peter Huchel
Löwenzahn

Fliegen im Juni auf weißer Bahn
flimmernde Monde vom Löwenzahn,
liegst du versunken im Wiesenschaum,
löschend der Monde flockenden Flaum.

Wenn du sie hauchend im Winde drehst,
Kugel auf Kugel sich weiß zerbläst,
Lampen, die stäubend im Sommer stehn,
wo die Dochte noch wolliger wehn.

Leise segelt das Löwenzahnlicht
über dein weißes Wiesengesicht,
segelt wie eine Wimper blass
in das zottig wogende Gras.

Monde um Monde wehten ins Jahr,
wehten wie Schnee auf Wange und Haar.
Zeitlose Stunde, die mich verließ,
da sich der Löwenzahn weiß zerblies.

Joachim Ringelnatz
Schwebende Zukunft

Habt ihr einen Kummer in der Brust
Anfang August,
Seht euch einmal bewusst
An, was wir als Kinder übersahn.

Da schickt der Löwenzahn
Seinen Samen fort in die Luft.
Der ist so leicht wie Duft
Und sinnreich rund umgeben
Von Faserstrahlen, zart wie Spinneweben.

Und er reist hoch über euer Dach,
Von Winden, schon vom Hauch gepustet.
Wenn einer von euch hustet,
Wirkt das auf ihn wie Krach,
Und er entweicht.

Luftglücklich leicht.
Wird sich sanft wo in Erde betten.
Und im Nächstjahr stehn
Dort die fetten, goldigen Rosetten,
Kuhblumen, die wir als Kind übersehn.

Zartheit und Freimut lenken
Wieder später deren Samen Fahrt.

Flöge doch unser aller Zukunftsdenken
So frei aus und so zart.

Hilde Domin
Im Regen geschrieben

Wer wie die Biene wäre,
die die Sonne
auch durch den Wolkenhimmel fühlt,
die den Weg zur Blüte findet
und nie die Richtung verliert,
dem lägen die Felder in ewigem Glanz,
wie kurz er auch lebte,
er würde selten
weinen.

Windgeschenke

Hermann Hesse
Weiße Wolken

O schau, sie schweben wieder
Wie leise Melodien
Vergessener schöner Lieder
Am blauen Himmel hin!

Kein Herz kann sie verstehen,
Dem nicht auf langer Fahrt
Ein Wissen von allen Wehen
Und Freuden des Wanderns ward.

Ich liebe die Weißen, Losen
Wie Sonne, Meer und Wind,
Weil sie der Heimatlosen
Schwestern und Engel sind.

Karl Krolow
Der Augenblick des Fensters

Jemand schüttet Licht
Aus dem Fenster.
Die Rosen der Luft
Blühen auf,
Und in der Straße
Heben die Kinder beim Spiel
Die Augen.
Tauben naschen
Von seiner Süße.
Die Mädchen werden schön
Und die Männer sanft
Von diesem Licht.
Aber ehe es ihnen die anderen sagen,
Ist das Fenster von jemandem
Wieder geschlossen worden.

Hilde Domin
Wolke

Leuchtende Rose
aus Wasser und Sonne
große weiße Wolke
du treibst ins Dunkle

Wir sind so flüchtig
vor jedem Wind
Das Schneckenhaus bleibt
wir werden aufgelöst
wie du

Unsere Stimmen so hart
und voll Widerstand
wenn der Tag fällt
und du so sanft
auf den Glanz
verzichtest

Ulla Hahn
Schöne Landschaft

Mitunter tut sich
der Himmel auf
zeigt sein Geheimnis
im Spiegel der Erde

Zeigt uns was
wir noch übrig ließen
von der Erde die einmal
sein Ebenbild war.

Bertolt Brecht

Erinnerung an die Marie A.

1

An jenem Tag im blauen Mond September
Still unter einem jungen Pflaumenbaum
Da hielt ich sie, die stille bleiche Liebe
In meinem Arm wie einen holden Traum.
Und über uns im schönen Sommerhimmel
War eine Wolke, die ich lange sah
Sie war sehr weiß und ungeheuer oben
Und als ich aufsah, war sie nimmer da.

2

Seit jenem Tag sind viele, viele Monde
Geschwommen still hinunter und vorbei
Die Pflaumenbäume sind wohl abgehauen
Und fragst du mich, was mit der Liebe sei?
So sag ich dir: Ich kann mich nicht erinnern.
Und doch, gewiss, ich weiß schon, was du meinst
Doch ihr Gesicht, das weiß ich wirklich nimmer
Ich weiß nur mehr: Ich küsste es dereinst.

3

Und auch den Kuss, ich hätt ihn längst vergessen
Wenn nicht die Wolke da gewesen wär
Die weiß ich noch und werd ich immer wissen
Sie war sehr weiß und kam von oben her.
Die Pflaumenbäume blühn vielleicht noch immer
Und jene Frau hat jetzt vielleicht das siebte Kind
Doch jene Wolke blühte nur Minuten
Und als ich aufsah, schwand sie schon im Wind.

Karl Krolow
Licht

für Siegfried Unseld

Immer weiter gehn und immer weiter
bei geschlossnen Augen oder auch
deine Augen weit geöffnet: heiter
wird die Welt und blüht als Wunderstrauch.

Licht fällt leicht aus einem hohen Himmel
und du wirst von dir weit fort geführt
ohne Staunen über das Gewimmel
einer Ferne, die du aufspürst

und die summt am Horizont. Dahinter
gibt es für die Augen nur zu sehn
Länder ohne Sommer oder Winter:
Licht, an dem die Augen übergehn.

Ingeborg Bachmann
An die Sonne

Schöner als der beachtliche Mond und sein
          geadeltes Licht,
Schöner als die Sterne, die berühmten Orden
          der Nacht,
Viel schöner als der feurige Auftritt eines Kometen
Und zu weit Schönerem berufen als jedes
          andre Gestirn,
Weil dein und mein Leben jeden Tag an ihr hängt,
          ist die Sonne.

Schöne Sonne, die aufgeht, ihr Werk nicht
          vergessen hat
Und beendet, am schönsten im Sommer, wenn ein Tag
An den Küsten verdampft und ohne Kraft gespiegelt
          die Segel
Über dein Aug ziehn, bis du müde wirst und das
          Letzte verkürzt.

Ohne die Sonne nimmt auch die Kunst wieder
          den Schleier,
Du erscheinst mir nicht mehr, und die See und
          der Sand,
Von Schatten gepeitscht, fliehen unter mein Lid.

Schönes Licht, das uns warm hält, bewahrt und
          wunderbar sorgt,
Dass ich wieder sehe und dass ich dich wiederseh!

Nichts Schönres unter der Sonne als unter der
Sonne zu sein ...

Nichts Schönres als den Stab im Wasser zu sehn
und den Vogel oben,
Der seinen Flug überlegt, und unten die Fische
im Schwarm,
Gefärbt, geformt, in die Welt gekommen mit einer
Sendung von Licht,
Und den Umkreis zu sehn, das Geviert eines Felds,
das Tausendeck meines Lands
Und das Kleid, das du angetan hast. Und dein Kleid,
glockig und blau!

Schönes Blau, in dem die Pfauen spazieren und sich
verneigen,
Blau der Fernen, der Zonen des Glücks mit den
Wettern für mein Gefühl,
Blauer Zufall am Horizont! Und meine begeisterten
Augen
Weiten sich wieder und blinken und brennen sich
wund.

Schöne Sonne, der vom Staub noch die größte
Bewundrung gebührt,
Drum werde ich nicht wegen dem Mond und den Sternen
und nicht,
Weil die Nacht mit Kometen prahlt und in mir einen
Narren sucht,

Sondern deinetwegen und bald endlos und wie um
nichts sonst
Klage führen über den unabwendbaren Verlust meiner
Augen.

Elisabeth Borchers
Ich erzähle dir

Ich erzähle dir die Geschichte
vom Himmel

Der Himmel hat keine Bäume
der Himmel hat keine Vögel
der Himmel ist auch kein Erdbeerfeld

Der Himmel ist ein Kleid
das der Erde zu weit ist

Der Himmel hat morgens
und abends ein rosa Dach

Der Himmel ist ein Haus
da hinein sollen wir kriechen

Der Himmel ist nicht so wie du denkst
der Himmel ist blau

Hermann Hesse
Die leise Wolke

Eine schmale, weiße
Eine sanfte, leise
Wolke weht im Blauen hin.
Senke deinen Blick und fühle
Selig sie mit weißer Kühle
Dir durch blaue Träume ziehn.

Irmgard Keun

Einsamer Tag am Fenster
(Amsterdam 1939)

Wolken werden Kissen
Und ich träum gen Himmel,
Als wolle ich in alten Märchenbüchern lesen,
Als wolle ich in weichem Schimmer sanft verwesen,
Die Erde lieben, doch nichts von ihr wissen.

Die Märchenbücher hab ich längst zerrissen.

Doch unter meinem Fenster steht ein Schimmel,
Vor einen Heringskarren hat man ihn gespannt.
Bringt er mir Glück?
Ich kann doch Glück nicht mehr ertragen.
Ich flehe um die Antwort auf des Jammers Fragen?

Das Fell des Schimmels scheint den Wolken wohl verwandt.
Ein Baum singt Lieder, fremd und süß bekannt.
Es gibt ja Glück.

Hilde Domin

Windgeschenke

Die Luft ein Archipel
von Duftinseln,
Schwaden von Lindenblüten
und sonnigem Heu,
süß vertraut,
stehen und warten auf mich
als umhüllten mich Tücher,
von lange her
aus sanftem Zuhaus
von der Mutter gewoben.

Ich bin wie im Traum
und kann den Windgeschenken
kaum glauben.
Wolken von Zärtlichkeit
fangen mich ein,
und das Glück beißt
seinen kleinen Zahn
in mein Herz.

Bertolt Brecht
Der Rauch

Das kleine Haus unter Bäumen am See
Vom Dach steigt Rauch
Fehlte er
Wie trostlos dann wären
Haus, Bäume und See.

Hans Magnus Enzensberger
Die Geschichte der Wolken

1

So wie sie auftauchen, über Nacht
oder aus heiterem Himmel,
kann man kaum behaupten,
dass sie geboren werden.
So wie sie unmerklich vergehen,
haben sie keine Ahnung vom Sterben.
Ihrer Vergänglichkeit kann sowieso
keiner das Wasser reichen.

Majestätisch einsam und weiß
steigen sie auf vor seidigem Blau,
oder drängeln sich aneinander
wie frierende Tiere, kollektiv
und dumpf, ballen sich tintig
zu elektrischen Katastrophen,
dröhnen, leuchten, ungerührt,
hageln und schütten sich aus.

Dann wieder prahlen sie
mit eitlen Künsten, verfärben sich,
äffen alles, was fest ist, nach.
Ein Spiel ist ihre Geschichte,
unblutig, älter als unsre.
Historiker, Henker und Ärzte
brauchen sie nicht, kommen aus
ohne Häuptlinge, ohne Schlachten.

Ihre hohen Wanderungen
sind ruhig und unaufhaltsam.
Es kümmert sie nichts.
Wahrscheinlich glauben sie
an die Auferstehung, gedankenlos
glücklich wie ich, der ihnen
auf dem Rücken liegend
eine Weile lang zusieht.

2

Gegen Stress, Kummer, Eifersucht, Depression
empfiehlt sich die Betrachtung der Wolken.
Mit ihren rotgoldenen Abendrändern
übertreffen sie Patinir und Tiepolo.
Die flüchtigsten aller Meisterwerke,
schwerer zu zählen als jede Rentierherde,
enden in keinem Museum.

Wolkenarchäologie – eine Wissenschaft
für die Engel. Ja, ohne die Wolken
stürbe alles, was lebt. Erfinder sind sie:
Kein Feuer ohne sie, kein elektrisches Licht.
Ja, es empfiehlt sich, bei Müdigkeit,
Wut und Verzweiflung, die Augen
gen Himmel zu wenden.

3

Der blaue Himmel ist blau.
Damit ist alles gesagt
über den blauen Himmel.

Dagegen diese fliegenden Bilderrätsel –
obwohl die Lösung immerfort wechselt,
kann sie ein jeder entziffern.

Unfassbar sind sie in höheren Lagen,
nebulös. Und wie sanft
sie hinsterben! So schmerzlos

ist wenig hier. Die Wolken,
sie haben keine Angst, als wüssten sie,
dass sie immer wieder zur Welt kommen.

5

Aber sie können auch anders.
Und dann, aus Wut oder Übermut
ballen sie sich, und faustdick
drohen sie. Schwarzgallig knallend
bricht aus ihnen die alte Gewalt.
Plötzlich platzt alles, Schall,
Spannung, Wasser und Eis.

Dann flüchten wir, wie immer
im Bett überrascht, auf die Dächer,
schnatternd, und warten im Dunkel,
den Säugling an die Rippen gepresst,
in der Hand den Kanarienvogel,
auf die Sirenen, das Schlauchboot,
das ferne Schwirren des Hubschraubers.

6

Leider, mit ihrem Leumund
Steht es nicht zum Besten.
Es sei kein Verlass auf sie, heißt es.
Wo sie endeten, wo sie anfingen,
nicht einmal das wisse man genau.
Dieses ewige Schwimmen, Verschwimmen –
Thermik, Taupunkt und Turbulenz –,
grenzenlos leicht fertig sei das
und leicht verderblich.
Was wiegen sie überhaupt?
Das sei die Frage.
Auch dass sie ohne uns auskommen,
die Wolken, aber nicht umgekehrt,
missfällt. Schwere Vorwürfe,
zu schwer vielleicht,
für das was so schwebend lebt.

10

Wir, die wir uns ängstlich fragen,
wie wir wieder runterkommen
mit unsern lachhaften Luftschiffen,
schwerfälligen Blechschachteln,
dröhnend vor Nervosität –

dagegen diese riesenhaften Nomaden!
Wüstenscheu wandern sie, leicht,
lentissimo maestoso,
über den Erdboden hin,
lassen sich treiben, gelassen,

und manchmal versammeln sie sich
zu Palavern, die schweigsam verlaufen.
Dann wieder wehen sie auseinander,
und langsam verdunsten sie in der Höhe,
bis nur noch eine einzige, klein

wie eine sehnsüchtige Erinnerung,
weiß am Himmel verweilt.

12

Eine Minute lang nicht hingeschaut,
schon sind sie da, plötzlich, weiß,
blühend ja, aber wenig handfest –

ein wenig Feuchtigkeit, hoch oben,
etwas Unmerkliches, das auf der Haut
hinschmilzt: rasanter Übergang
von Phase zu Phase – schön und gut.
Doch auch die Physik der Wolken
hat nicht alles im Griff.
Im Zweifelsfall »nimmt man an«,
»ist der Auffassung«. Schleierhaft,
diese Regengallen, Fallstreifen,
Lichtsäulen, Halos. Weiß der Himmel,
wie sie es machen. Eine Spezies,
vergänglich, doch älter als unsereiner.
Nur dass sie uns überleben wird
um ein paar Millionen Jahre
hin oder her, steht fest.

Himmelweite Begegnungen

Rose Ausländer
Mit euch allen

Schweben
mit dem Vogel

mit der Sonne
leuchten

rollen
mit der Erde

Mit euch allen
feiern
das unverlässliche
Leben

Robert Gernhardt

Schön und gut und klar und wahr

Da sind diese vier weißen Tauben,
die sich in das Blau des Himmels schrauben.

Sie leuchten sehr auf beim Steigen,
um sich kurz darauf dunkel zu zeigen.

Das machen sie immer gemeinsam,
nie flog auch nur eine je einsam.

Warum die das tun? Keine Ahnung.
Möglicherweise als Mahnung:

Es ist schön, sich im Aufwind zu wiegen
Es ist gut, nicht alleine zu fliegen
Es ist klar, dass Steigen schon viel ist
Es ist wahr, dass der Weg das Ziel ist.

Gottfried Benn

Astern

Astern – schwälende Tage,
alte Beschwörung, Bann,
die Götter halten die Waage
eine zögernde Stunde an.

Noch einmal die goldenen Herden
der Himmel, das Licht, der Flor,
was brütet das alte Werden
unter den sterbenden Flügeln vor?

Noch einmal das Ersehnte,
den Rausch, der Rosen Du –
der Sommer stand und lehnte
und sah den Schwalben zu,

noch einmal ein Vermuten,
wo längst Gewissheit wacht:
die Schwalben streifen die Fluten
und trinken Fahrt und Nacht.

Bertolt Brecht
Terzinen über die Liebe

Sieh jene Kraniche in großem Bogen!
Die Wolken, welche ihnen beigegeben
Zogen mit ihnen schon, als sie entflogen

Aus einem Leben in ein andres Leben.
In gleicher Höhe und mit gleicher Eile
Scheinen sie alle beide nur daneben.

Dass also keines länger hier verweile
Dass so der Kranich mit der Wolke teile
Den schönen Himmel, den sie kurz befliegen

Und keines andres sehe als das Wiegen
Des andern in dem Wind, den beide spüren
Die jetzt im Fluge beieinander liegen.

So mag der Wind sie in das Nichts entführen;
Wenn sie nur nicht vergehen und sich bleiben
So lange kann sie beide nichts berühren

So lange kann man sie von jedem Ort vertreiben
Wo Regen drohen oder Schüsse schallen.
So unter Sonn und Monds wenig verschiedenen Scheiben

Fliegen sie hin, einander ganz verfallen.

Wohin ihr?
        Nirgend hin.

Von wem entfernt?
                    Von allen.

Ihr fragt, wie lange sind sie schon beisammen?
Seit kurzem.
                         Und wann werden sie sich trennen?
                                             Bald.
So scheint die Liebe Liebenden ein Halt.

Ernst Jandl
Ikarus

Er flog hoch
über den anderen.
Die blieben im Sand
Krebse und Tintenfische.
Er flog höher
als sein Vater, der kunstgewandte
Dädalus.
Federn zupfte die Sonne aus seinen Flügeln.
Tränen aus Wachs tropften aus seinen Flügeln.
Ikarus flog.
Ikarus ging unter.
Ikarus ging unter
hoch über den anderen.

Friederike Mayröcker
(to my angel-brother-in-prayers)

fliegen wirst du fliegen mein Engelbruder mit den Flügeln des
    Himmels
fliegen wirst du über die Erde
(das Abschiedslied einer Amsel an den verblassenden Winter
die bläulichen Umrisse eines Hauses im Abendschein
eine Ahnung die Sonne – wirklich nur eine Ahnung zwischen
Firsten und roten Alleen)
fliegen wirst du mein Engel mein Bruder mein weiszes Herz
fliegen wirst du weiter als Luftschiffe höher als Wolken
fliegen wirst du über die Erde
über die krausen Schwärme der Vögel
über die Veilchen über die warmen Nester der Veilchen

Maya Angelou
Genesung

Für Dugald

Eine letzte Liebe,
im Entschluss ganz klar,
sollte die Flügel stutzen,
verbieten weiteres Fliegen.
Ich indessen, nun
der Verwirrung bar,
werde emporgetragen,
eile dem Licht entgegen.

Hans Magnus Enzensberger
Der Fliegende Robert

Eskapismus, ruft ihr mir zu,
vorwurfsvoll.
Was denn sonst, antworte ich,
bei diesem Sauwetter! –,
spanne den Regenschirm auf
und erhebe mich in die Lüfte.
Von euch aus gesehen,
werde ich immer kleiner und kleiner,
bis ich verschwunden bin.
Ich hinterlasse nichts weiter
als eine Legende,
mit der ihr Neidhammel,
wenn es draußen stürmt,
euern Kindern in den Ohren liegt,
damit sie euch nicht davonfliegen.

Joseph von Eichendorff
Wechsel

Es fällt nichts vor, mir fällt nichts ein,
Ich glaub, die Welt steht still,
Die Zeit tritt auf so leis und fein,
Man weiß nicht, was sie will.

Auf einmal rührt sich's dort und hier –
Was das bedeuten mag?
Es ist, als hört'st du über dir
Einen frischen Flügelschlag.

Rasch steigen dunkle Wetter auf,
Schon blitzt's und rauscht die Rund,
Der lust'ge Sturmwind fliegt vorauf –
Da atm' ich aus Herzensgrund.

Hans Magnus Enzensberger
Wintergewitter

Wenn die Luft weiß wird,
die Sicht erblindet,
der Himmel knallt und blitzt,
das Licht in den Büros erlischt,
und nur die Sirene der Feuerwehr
durch den stiebenden Vorhang dringt,
der helle Wächten vor sich her treibt,

verschwinden für eine Viertelstunde
Sorgen, Geschäfte, Dringlichkeiten,
und du schaust hinaus,
endlich gedankenlos,
in die blendend verdunkelte Welt.

Peter Handke

Gelegenheitsgedicht

Schiefer, sehr dichter Regenfall
davor senkrecht vom Dach fallende
einzelne Tropfen
Das Geliebte ist unterwegs zu mir
Klopfendes Herz

Ingeborg Bachmann
Harlem

Von allen Wolken lösen sich die Dauben,
der Regen wird durch jeden Schacht gesiebt,
der Regen springt von allen Feuerleitern
und klimpert auf dem Kasten voll Musik.

Die schwarze Stadt rollt ihre weißen Augen
und geht um jede Ecke aus der Welt.
Die Regenrhythmen unterwandert Schweigen.
Der Regenblues wird abgestellt.

Hermann Hesse
Kleiner Gesang

Regenbogengedicht,
Zauber aus sterbendem Licht,
Glück wie Musik zerronnen,
Schmerz im Madonnengesicht,
Daseins bittere Wonnen …

Blüten vom Sturm gefegt,
Kränze auf Gräber gelegt,
Heiterkeit ohne Dauer,
Stern, der ins Dunkel fällt:
Schleier von Schönheit und Trauer
Über dem Abgrund der Welt.

Rose Ausländer

Regenbogen I

Himmelweite
Begegnung
zwischen Wasser
und Sonne

Sieben Farben
zusammengespannt
damit der Bogen
nicht breche

Hebt das Siebengespann
die sieben Todsünden auf?

Hans Magnus Enzensberger
Interferenz

Hoffnung wäre zu viel gesagt,
aber wenn über den verwüsteten Dörfern
ein doppelter Regenbogen erscheint,
lassen sie, ein paar Minuten lang,
ihre Messer sinken
und sehen zu, wie er langsam
vor ihren blutunterlaufenen Augen hin
schwindet.

Mondbeglänzte Zaubernächte

Gottfried Benn

Schöner Abend

Ich ging den kleinen Weg, den oft begangenen,
und diesen Abend war er seltsam klar,
man sah ihn schon als einen herbstbefangenen,
obschon es mitten noch im Sommer war.

Die Himmelsblüte hatte weiße Dolden,
die Wolken blätterten das Blau herab,
auch arme Leute wurden golden,
was ihrem Antlitz Glück und Lächeln gab.

So auch in mir, – den immer graute
früh her, verschlimmert Jahr um Jahr
entstand ein Sein, das etwas blaute –
und eine Stunde ohne Trauer war.

Günter Eich
Johanniskäfer

Es fliegen die Johanniskäfer,
die milden Feuer durch die Nacht;
mit emsigen Laternenträgern
ist jedes Laubgebüsch bewacht.

Im Glanz der sanften Liebesfackel
erhellet sich ihr gräsern Reich.
O kleine Welt! Dem reinen Herzen
Gilt euer Licht den Sternen gleich!

Thomas Rosenlöcher
Glühwürmchenwetter

Unter den reglosen Sternen
hinwandernd, ein Zickzacksmaragd.
Dass ich ihm nachlief, im Gegenzickzack,
und hin und her wankte im Glühwürmchenwetter:

»Ach Lämplein, ich kann doch nicht fliegen.«
»Schon gut«, sprachs, »ich leuchte dir heim.«
»Wie weit noch?« – »So weit, bis im Schädel
das letzte Würmlein verlischt.«

Durs Grünbein

Kleines Feuerwerk

Das kleine Feuerwerk nachts am Meer
Bei Ostia, als die Maschine von Norden her
Langsam einschwebend tiefer sank,
Schien uns, wie uns zuliebe gemacht,
Uns zur Begrüßung entfacht.
Einige hinter den Bullaugenfenstern
Rissen die Augen auf. *Da, da, da!*
Sahen die blauen, gelben, roten Granaten
Lautlos über dem Meer zerplatzen
Und fingen zu jubeln an.
Willkommen in Rom, in Europa.
Willkommen bei uns zu Haus.

Aber dann war es spät geworden. Müde
Körper wankten die Gangway hinab.
Turbinen fauchten, Kinder greinten,
Das Rollfeld glitzerte, ein grauer Salzsee.
Erstaunlich, wie lange das Herz höher schlägt,
Bis es zurückkommt auf den Boden, geerdet –
Wieder vergessen, unberührbar, schwer
Wie ein einzelner Koffer, der lange,
Lange auf dem Gepäckband kreist.

Thomas Rosenlöcher
Die Abendmaschine

Ich saß auf der Höhe der Berge
auf meinem Hocker vorm Zelt.
Und sah auf die Wände, Schneewächten, ein schmales
glitzerndes Rinnsal, das langsam im Fall
zu einem Fädchen aus Silber gefror.
Als über den Wolken ein Nörgeln erschien,
ein höheres Mummumsgebrumm:
Die Abendmaschine. Da saßen
die Passagiere, zurückgelehnt
in ihre Sessel und tranken Kaffee
und aßen ein Stück vom Rind
über dem Abgrund der Erde,
das Fliegen im Flug zu vergessen.
Und schienen da oben im Luftkorridor
schon zu verharren. – Das Fädchen verlosch.
Kopfüber turnten die Wolken herab,
um an den Wänden zu schlafen.
Ich aber flog auf dem Hocker davon.
Um – noch eh das Mummumsgebrumm sich verlor –
über alle Berge zu sein.

Jan Wagner
subalpine meditation

eine krähe strich über wipfel fort und
kehrte wenig später als flugzeug wieder.
auf dem schrägen wiesengrund schob ein stier sein
    schwarz durch den mittag.

still das dorfmuseum, das in erwartung
letzter dinge ruhte (das dielenknarren);
tief im see die fährschiffe mit den schweren
    namen der kaiser.

mit dem licht erloschen die schafe, traten
berge in ihr dunkel zurück. hoch oben
kreisten satelliten, durchforschten den ge-
    klöppelten himmel.

Ludwig Tieck
Mondbeglänzte Zaubernacht

Mondbeglänzte Zaubernacht,
Die den Sinn gefangen hält,
Wundervolle Märchenwelt,
Steig auf in der alten Pracht!

Paula Ludwig
Der Stern der Mitternacht

Der Stern der Mitternacht ist aufgegangen
alle andern Gestirne sind nicht mehr
der Wind hat aufgehört zu wehen
die Tiere atmen nicht mehr
Mein Leib ist nur noch Auge
das starrt zum unendlichen Himmel
in seinen einzigen Stern.

Joseph von Eichendorff
Mondnacht

Es war, als hätt' der Himmel
Die Erde still geküsst,
Dass sie im Blüten-Schimmer
Von ihm nun träumen müsst'.

Die Luft ging durch die Felder,
Die Ähren wogten sacht,
Es rauschten leis die Wälder,
So sternklar war die Nacht.

Und meine Seele spannte
Weit ihre Flügel aus,
Flog durch die stillen Lande,
Als flöge sie nach Haus.

Rainer Malkowski

Sterne

Zu wenig Zeit genommen
für die Betrachtung der Sterne.
Ich rede nicht von Teleskopen.
Ich spreche von einer Dachluke
in einer ganz gewöhnlichen
wolkenlosen Nacht.
Vom Heimweg zu später Stunde,
nur flüchtig aufschauend,
den Schlüssel schon im Schloss.
Nicht, was ich nicht weiß,
reut mich.
Mich reut
der nachlässige Gebrauch
meiner Augen.

Max Dauthendey
Die einfachen Sterne

Die einfachen Sterne haben sich hoch über die Bäume
  geschoben.
Manchen, der nie tags sein Auge vom Boden gehoben,
Den machen nachts kopfhoch die blauen Lampen droben,
Die urewig gleichmäßig Wandelnden,
Die ewig fernen und nie laut Handelnden,
Die Sterngeister, die blauen, der großen Ruhe leuchtende
  Meister,
Die dem Weisen Zeichen und Weglicht geben,
Die alle Erdenkönige samt allen Königreichen überleben,
Die wie feurige Liebesgedanken über den nächtlichen
  Dächern schweben.

Else Lasker-Schüler
Von weit

Dein Herz ist wie die Nacht so hell,
Ich kann es sehn
– Du denkst an mich – es bleiben alle Sterne stehn.

Und wie der Mond von Gold dein Leib
Dahin so schnell
Von weit er scheint.

Uwe Kolbe

Sternsucher

Der, hör ich, nachts aus dem Haus geht
und, seh ich, hoch in den Himmel schaut,
den, weiß ich, eine sehr gerne mal träfe,
doch, sagt sie, so wie es aussieht,
der, klagt sie, schaut doch immer nur hoch
und, denkt sie, niemals in mein Gesicht.
So, mein Freund, findest du nie deinen Stern.

Richard Dehmel
Manche Nacht

Wenn die Felder sich verdunkeln,
fühl ich, wird mein Auge heller;
schon versucht ein Stern zu funkeln,
und die Grillen wispern schneller.

Jeder Laut wird bilderreicher,
das Gewohnte sonderbarer,
hinterm Wald der Himmel bleicher,
jeder Wipfel hebt sich klarer.

Und du merkst es nicht im Schreiten,
wie das Licht verhundertfältigt
sich entringt den Dunkelheiten.
Plötzlich stehst du überwältigt.

Günter Eich

Sternschnuppen

Von Funken ein fallend Gewimmel,
stumm und verloschen im Nu, –
Sternschnuppen am nächtlichen Himmel,
euch seh ich gerne zu.

Wenn im August am dunkeln
Mitternachtsfirmament
ihr unter der Sterne Funkeln
glühend zu Nichts verbrennt,

oder im kahlen Geäste,
wenn dann das Jahr sich neigt,
strahlende, lautlose Gäste,
ihr im November euch zeigt.

Euch will ich gerne schauen,
fallet mir Nacht für Nacht,
Sternschnuppen, flüchtig im blauen
Himmel zu Feuer entfacht!

Rainer Maria Rilke
Nachthimmel und Sternenfall

Der Himmel, groß, voll herrlicher Verhaltung,
in Vorrat Raum, ein Übermaß von Welt.
Und wir, zu ferne für die Angestaltung,
zu nahe für die Abkehr hingestellt.

Da fällt ein Stern! Und unser Wunsch an ihn,
bestürzten Aufblicks, dringend angeschlossen:
Was ist begonnen, und was ist verflossen?
Was ist verschuldet? Und was ist verziehn?

Rainer Maria Rilke
Weißt du noch: fallende Sterne

Weißt du noch: fallende Sterne, die
quer wie Pferde durch die Himmel sprangen
über plötzlich hingehaltne Stangen
unsrer Wünsche – hatten wir so viele? –
denn es sprangen Sterne, ungezählt;
fast ein jeder Aufblick war vermählt
mit dem raschen Wagnis ihrer Spiele,
und das Herz empfand sich als ein Ganzes
unter diesen Trümmern ihres Glanzes
und war heil, als überstünd es sie!

Erich Mühsam

Der Komet

Der Stern, der bei der Venus steht,
schau, Mädchen, und begreif:
Der neue Stern ist ein Komet.
Kühn spreizt sich ihm der Schweif.

Es staunt der Mond: Was will der Wicht
mit seinem langen Schwanz?
Mich dünkt, das ganze Himmelslicht
erstrahlt in jungem Glanz.

Schau, Mädchen, wie der Mond von Gift
und Eifersucht sich bläht,
weil des Kometen starke Schrift
am Himmel Sünden sät.

Es glitzert Venus, Juno lacht,
Uranus aber zwinkt,
wenn dieser Neuling Nacht für Nacht
mit seinem Zierat winkt.

Bald sinkt er wieder in den Raum.
Dann kommt er nur noch fern
der Venus manchmal in den Traum
und manchem andern Stern.

W. G. Sebald

Trigonometrie der Sphären

Im Trauerjahr
setzte der Großvater
das Klavier auf den Boden
und er holte es
nie mehr herab

Mit einem messingnen Fernrohr
erforscht er dafür jetzt
die Zirkelpfade des Himmels

Sein Logbuch vermerkt
einen geschweiften Kometen
und den kategorischen Satz
der Mond sei ein Kunstwerk der Erde

Von ihm weiß ich auch
dass dort wo die Nacht sich wendet
ein Heiliger sitzt
und brüllt wie ein Löwe

Und vergiss nicht sagte er einmal
aus dem Sternzeichen des Widders
trägt der Nordwind das Licht
in die Apfelbäume

Durs Grünbein

Abschied vom Winter

Orion neigt sich übern Horizont.
Der alte Himmelsjäger zieht
Die Winterbilder in den Untergang.
Der Große und der Kleine Hund –
Die Jagdgefährten – halten Schritt.
Inmitten Sirius, der hellste Stern.
Sie treiben abwärts nach Australien,
Der Große und der Kleine Hund –
Die Jagdgefährten, die Orion,
Der Himmelsjäger, mit sich zieht
Im Untergang der Winterbilder,
Darunter Sirius, der hellste Stern.
Die Sonne kreuzt den Frühlingspunkt,
Venus verlässt den Abendhimmel.
Die Tage werden langsam länger.

Ingeborg Bachmann
Anrufung des Großen Bären

Großer Bär, komm herab, zottige Nacht,
Wolkenpelztier mit den alten Augen,
Sternenaugen,
durch das Dickicht brechen schimmernd
deine Pfoten mit den Krallen,
Sternenkrallen,
wachsam halten wir die Herden,
doch gebannt von dir, und misstrauen
deinen müden Flanken und den scharfen
halbentblößten Zähnen,
alter Bär.

Ein Zapfen: eure Welt.
Ihr: die Schuppen dran.
Ich treib sie, roll sie
von den Tannen im Anfang
zu den Tannen am Ende,
schnaub sie an, prüf sie im Maul
und pack zu mit den Tatzen.

Fürchtet euch oder fürchtet euch nicht!
Zahlt in den Klingelbeutel und gebt
dem blinden Mann ein gutes Wort,
dass er den Bären an der Leine hält.
Und würzt die Lämmer gut.

's könnt sein, dass dieser Bär
sich losreißt, nicht mehr droht

und alle Zapfen jagt, die von den Tannen
gefallen sind, den großen, geflügelten,
die aus dem Paradiese stürzten.

Rainer Malkowski
Auf dem Nachhauseweg

Eisige Nacht.
Aber der Mann auf dem Gehsteig,
den Kopf im Nacken,
rührt sich nicht.
Sein Blick steckt fest
in einer Sternverwehung.

Hans Magnus Enzensberger
Neuschnee auf der Terrasse

Am kalten, helllichten Tag
eine Milchstraße zu unsern Füßen.
Wer den Kopf nur leicht bewegt,
sieht, wie unter ihm hundert Sterne
aufblitzen, brennen, erlöschen.
Jeden Augenblick eine Nova.

Sozusagen grundlos vergnügt

Clemens J. Setz
Überaus schön

Er gelang überaus schön
bemerkt Giorgio Vasari
in seiner Lebensbeschreibung Michelangelos

Er gelang überaus schön
der Schneemann

den der berühmte Bildhauer baute
auf Befehl des jungen Fürsten
im Innenhof des Medici-Palastes
in Florenz an einem Morgen

vor gut fünfhundert Jahren
nach dem Schneefall
einer einzigen Nacht

Klabund

Schneeflocken

Wende ich den Kopf nach oben:
Wie die weissen Flocken fliegen,
Fühle ich mich selbst gehoben
Und im Wirbeltanze wiegen.

Dicht und dichter das Gewimmel;
Eine Flocke bin auch ich. –
Wieviel Flocken braucht der Himmel,
Eh die Erde langsam sich
Weiss umhüllt.

Eva Strittmatter

Vor einem Winter

Ich mach ein Lied aus Stille
Und aus Septemberlicht.
Das Schweigen einer Grille
Geht ein in mein Gedicht.

Der See und die Libelle.
Das Vogelbeerenrot.
Die Arbeit einer Quelle.
Der Herbstgeruch von Brot.

Der Bäume Tod und Träne.
Der schwarze Rabenschrei.
Der Orgelflug der Schwäne.
Was es auch immer sei,

Das über uns die Räume
Aufreißt und riesig macht
Und fällt in unsre Träume
In einer finstern Nacht.

Ich mach ein Lied aus Stille.
Ich mach ein Lied aus Licht.
So geh ich in den Winter.
Und so vergeh ich nicht.

Elisabeth Borchers

Es ist wahr, dass es um Mitternacht

Es ist wahr, dass es um Mitternacht
nun kalt wird in den Wäldern des Sommers,
aber der Mond rundet sich wieder.

Es ist wahr, dass um Mitternacht
die Sterne von Zweig zu Zweig springen
sehr neugierig
und immer noch auf der Suche nach Heine.

Es ist wahr, dass sich um Mitternacht
der Himmel überschneidet
vor lauter Liebe und Vergänglichkeit.

Es ist wahr, dass ich gehe, und alles geht mit,
die jungen Bäume und auch die alten
und die Bänke darunter
die tagsüber so still stehn.

Ich gehe und gehe
und verändere die Geographie.

Rainer Maria Rilke
Herbst

Die Blätter fallen, fallen wie von weit,
als welkten in den Himmeln ferne Gärten;
sie fallen mit verneinender Gebärde.

Und in den Nächten fällt die schwere Erde
aus allen Sternen in die Einsamkeit.

Wir alle fallen. Diese Hand da fällt.
Und sieh dir andre an: es ist in allen.

Und doch ist Einer, welcher dieses Fallen
unendlich sanft in seinen Händen hält.

Sarah Kirsch
Der Rest des Fadens

Drachensteigen. Spiel
Für große Ebnen ohne Baum und Wasser. Im offenen Himmel
Steigt auf
Der Stern aus Papier, unhaltbar
Ins Licht gerissen, höher, aus allen Augen
Und weiter, weiter

Uns gehört der Rest des Fadens, und dass wir dich kannten.

Eduard Mörike

Septembermorgen

Im Nebel ruhet noch die Welt,
Noch träumen Wald und Wiesen:
Bald siehst du, wenn der Schleier fällt,
Den blauen Himmel unverstellt,
Herbstkräftig die gedämpfte Welt
In warmem Golde fließen.

Erich Kästner

Prima Wetter

Wo sind die Tage, die so traurig waren
und deren Traurigkeit uns so bezwang?
Die Sonne scheint. Das Jahr ist sich im Klaren,
es ist, um schreiend aus der Haut zu fahren
und als Ballon den blauen Himmel lang!

Die grünen Bäume sind ganz frisch gewaschen.
Der Himmel ist aus riesenblauem Taft.
Die Sonnenstrahlen spielen kichernd Haschen.
Man sitzt und lächelt, zieht das Glück auf Flaschen
und lebt mit sich selbst in bester Nachbarschaft.

Man könnte, denkt man, wenn man wollte, fliegen.
Vom Stuhle fort. Mit Kuchen und Kaffee.
Auf weißen Wolken wie auf Sofas liegen
und sich gelegentlich vornüber biegen
und denken: »Also das dort ist die Spree.«

Man könnte sich mit Blumen unterhalten
und Wiesen streicheln wie sein Fräulein Braut.
Man könnte sich in tausend Teile spalten
und vor Begeisterung die Hände falten.
Sie sind nur gar nicht mehr dafür gebaut.

Man zieht sich voller Zweifel an den Haaren.
Die Sonne scheint, als hätt' es wieder Sinn.
Wo sind die Tage, die so traurig waren?
Es ist, um förmlich aus der Haut zu fahren.
Die größte Schwierigkeit ist nur: Wohin?

Rose Ausländer
Der Sommer

Der Sommer
feiert Geburtstag

Blitz und Kristall
sein
Gewand

Nimm
ihn auf
im Traumhaus

Eduard Mörike
Er ist's

Frühling lässt sein blaues Band
Wieder flattern durch die Lüfte;
Süße, wohlbekannte Düfte
Streifen ahnungsvoll das Land.
Veilchen träumen schon,
Wollen balde kommen.
– Horch, von fern ein leiser Harfenton!
Frühling, ja du bist's!
Dich hab ich vernommen!

Eva Strittmatter
März in Wahrheit

Alle Schneisen sind mit Blau ausgegossen.
Der März ist hellblau. Hellblau nicht grün.
Das Kieferngrün ist von Lichtblau umflossen,
In dem, gegens Licht, Lichtstäublein sprühn

Von fliegendem Leben, Mücklein, die schweben
Im okeanisch wogenden Blau.
Allgierig sich erneuerndes Leben
Umbalzt auch mich, die zaudernde Frau.

Johann Wolfgang Goethe
Lynkeus der Türmer

Zum Sehen geboren,
Zum Schauen bestellt,
Dem Turme geschworen,
Gefällt mir die Welt.
Ich blick' in die Ferne,
Ich seh' in die Näh'
Den Mond und die Sterne,
Den Wald und das Reh.
So seh ich in allen
Die ewige Zier,
Und wie mir's gefallen,
Gefall ich auch mir.
Ihr glücklichen Augen,
Was je ihr gesehn,
Es sei, wie es wolle,
Es war doch so schön!

Mascha Kaléko

Sozusagen grundlos vergnügt

Ich freu mich, dass am Himmel Wolken ziehen
Und dass es regnet, hagelt, friert und schneit.
Ich freu mich auch zur grünen Jahreszeit,
Wenn Heckenrosen und Holunder blühen.
– Dass Amseln flöten und dass Immen summen.
Dass Mücken stechen und dass Brummer brummen.
Dass rote Luftballons ins Blaue steigen.
Dass Spatzen schwatzen. Und dass Fische schweigen.

Ich freu mich, dass der Mond am Himmel steht
Und dass die Sonne täglich neu aufgeht.
Dass Herbst dem Sommer folgt und Lenz dem Winter,
Gefällt mir wohl. Da steckt ein Sinn dahinter,
Wenn auch die Neunmalklugen ihn nicht sehn.
Man kann nicht alles mit dem Kopf verstehn!
Ich freue mich. Das ist des Lebens Sinn.
Ich freue mich vor allem, dass ich bin.

In mir ist alles aufgeräumt und heiter:
Die Diele blitzt. Das Feuer ist geschürt.
An solchem Tag erklettert man die Leiter,
Die von der Erde in den Himmel führt.
Da kann der Mensch, wie es ihm vorgeschrieben,
– Weil er sich selber liebt – den Nächsten lieben.

Ich freue mich, dass ich mich an das Schöne
Und an das Wunder niemals ganz gewöhne.
Dass alles so erstaunlich bleibt, und neu!

Ich freu mich, dass ich …

Dass ich mich freu.

Quellennachweise

Maya Angelou (1928 in St. Louis – 2014 in Winston-Salem, North Carolina), US-amerikanische Schriftstellerin, Professorin und Bürgerrechtlerin
Genesung. Aus: Maya Angelou, Phänomenale Frauen. Gedichte. Ausgewählt und übersetzt von Judith Zander. © Suhrkamp Verlag AG, Berlin, 2020. © 1994 by Maya Angelou

Rose Ausländer (1901 in Czernowitz, Österreich-Ungarn – 1988 in Düsseldorf), eine aus der Bukowina stammende deutsch- und englischsprachige Lyrikerin
Mit euch allen; Regenbogen I. Aus: Rose Ausländer, Gedichte. Hg. v. Helmut Braun. © 2001 S. Fischer Verlag GmbH, Frankfurt am Main; Der Sommer. Aus: Rose Ausländer, Gesammelte Werke in sieben Bänden. Hg. v. Helmut Braun. Band 7: Und preise die kühlende Liebe der Luft. Gedichte 1983-1987. © 1988 S. Fischer Verlag GmbH, Frankfurt am Main

Ingeborg Bachmann (1926 in Klagenfurt – 1973 in Rom), österreichische Schriftstellerin
An die Sonne; Anrufung des Großen Bären; Harlem. Aus: Ingeborg Bachmann, Anrufung des Großen Bären. Gedichte. Hg. v. Luigi Reitani. Mit einem Vorwort von Hans Höller. In: Ingeborg Bachmann, Werke und Briefe. Salzburger Bachmann Edition. Hg. v. Irene Fußl und Uta Degner. Unter Mitarbeit von Silvia Bengesser. © Piper Verlag München, Berlin, Zürich, und Suhrkamp Verlag AG, Berlin, 2022

Gottfried Benn (1886 in Mansfeld bei Putlitz, Prignitz – 1956 Berlin)
Astern. Aus: Gottfried Benn, Statische Gedichte. © 1948, 2006 by Arche Literatur Verlag AG Zürich und Hamburg; Schöner Abend. Aus: Gottfried Benn, Sämtliche Gedichte. © Klett-Cotta, Stuttgart 1998

Elisabeth Borchers (1926 in Homberg, Niederrhein – 2013 in Frankfurt am Main)
Es ist wahr, dass es um Mitternacht; Ich erzähle dir. Aus: Elisabeth Borchers, Alles redet, schweigt und ruft. Gesammelte Gedichte. Ausgewählt und mit einem Nachwort versehen von Arnold Stadler. © 2001, Suhrkamp Verlag AG, Berlin; Sommertag. Aus: Elisabeth Borchers, Von der Grammatik des heutigen Tages. Gedichte. © Suhrkamp Verlag AG, Berlin 2018

Bertolt Brecht (1898 in Augsburg – 1956 in Ost-Berlin)
Erinnerung an die Marie A.; Der Rauch; Terzinen über die Liebe. Aus:
Bertolt Brecht, Die Gedichte. Hg. v. Jan Knopf. © 2007, Bertolt-Brecht-
Erben und Suhrkamp Verlag AG, Berlin

Max Dauthendey (1867 in Würzburg – 1918 in Malang auf Java)
Die einfachen Sterne. Aus: Max Dauthendey, Lusamgärtlein. In: Gesam-
melte Gedichte und kleinere Versdichtungen. Albert Langen Verlag,
München 1930

*Richard Dehmel (1863 in Wendisch-Hermsdorf/Mark Brandenburg – 1920
in Hamburg-Blankenese)*
Manche Nacht. Aus: Dehmels gesammelte Werke in 10 Bänden.
S. Fischer Verlag, Berlin 1909-1915

Hilde Domin (1909 in Köln – 2006 in Heidelberg)
Im Regen geschrieben; Windgeschenke; Wolke. Aus: Hilde Domin,
Sämtliche Gedichte. Hg. v. Nikola Herweg u. Melanie Reinhold. Mit
einem Nachwort von Ruth Klüger. © S. Fischer Verlag GmbH, Frankfurt
am Main 2009

Günter Eich (1907 in Lebus – 1972 in Salzburg)
Johanniskäfer; Sternschnuppen. Aus: Günter Eich, Gesammelte Werke
in vier Bänden. Band I: Die Gedichte. Die Maulwürfe. Hg. v. Axel Vier-
egg. © 1973, 1991, Suhrkamp Verlag AG, Berlin

*Joseph von Eichendorff (1788 auf Schloss Lubowitz bei Ratibor, Oberschle-
sien – 1857 in Neisse, Oberschlesien)*
Mondnacht; Wechsel. Aus: Joseph von Eichendorff, Sämtliche Gedichte
und Versepen. Hg. v. Hartwig Schultz. Insel Verlag, Frankfurt am Main
und Leipzig 2005

Hans Magnus Enzensberger (1929 in Kaufbeuren – 2022 in München)
Der Fliegende Robert. Aus: Hans Magnus Enzensberger, Die Furie des
Verschwindens. Gedichte. © 1980, Suhrkamp Verlag AG, Berlin; Die Ge-
schichte der Wolken; Interferenz; Wintergewitter. Aus: Hans Magnus
Enzensberger, Die Geschichte der Wolken. 99 Meditationen. © 2003,
Suhrkamp Verlag AG, Berlin; Neuschnee auf der Terrasse. Aus: Hans
Magnus Enzensberger, Blauwärts. Gedichte. © Suhrkamp Verlag AG,
Berlin, 2013

Robert Gernhardt (1937 in Reval, Estland – 2006 in Frankfurt am Main)
Schön und gut und klar und wahr. Aus: Robert Gernhardt, Gesammelte
Gedichte 1954-2006. © S. Fischer Verlag GmbH, Frankfurt am Main
2008

Johann Wolfgang Goethe (1749 in Frankfurt am Main – 1832 in Weimar)
Lynkeus der Türmer. Aus: Johann Wolfgang Goethe, Faust. Texte. Hg. v.
Albrecht Schöne. 6., revidierte Auflage, Deutscher Klassiker Verlag im
Taschenbuch Frankfurt am Main 2005

Durs Grünbein (geb. 1962 in Dresden)
Abschied vom Winter; Kleines Feuerwerk. Aus: Durs Grünbein, Zünd-
kerzen. Gedichte. © Suhrkamp Verlag AG, Berlin, 2017

Ulla Hahn (geb. 1946 in Brachthausen/Sauerland)
Schöne Landschaft. Aus: Ulla Hahn: Gesammelte Gedichte. © 2013,
Deutsche Verlags-Anstalt, München, in der Penguin Random House
Verlagsgruppe GmbH

*Peter Handke (geb. 1942 in Griffen, Kärnten), österreichischer Schriftstel-
ler und Übersetzer, 2019 mit dem Nobelpreis für Literatur ausgezeichnet*
Gelegenheitsgedicht. Aus: Peter Handke, Leben ohne Poesie. Gedichte.
Hg. v. Ulla Berkéwicz. © 2007, Suhrkamp Verlag AG, Berlin

Hermann Hesse (1877 in Calw – 1962 in Montagnola/Schweiz)
Blauer Schmetterling; Kleiner Gesang; Die leise Wolke; Weiße Wolken.
Aus: Hermann Hesse, Sämtliche Werke. Hg. v. Volker Michels. Band 10:
Die Gedichte. Bearbeitet von Peter Huber. © 2002, Suhrkamp Verlag AG,
Berlin

Arno Holz (1863 in Rastenburg/Ostpreußen – 1929 in Berlin)
Mählich durchbrechende Sonne. Aus: Arno Holz: Werke. Band 1.
Phantasus I. Hg. v. Wilhelm Emrich und Anita Holz. Luchterhand Ver-
lag, Neuwied und Berlin 1961

Peter Huchel (1903 in Groß-Lichterfelde bei Berlin – 1981 in Staufen)
Löwenzahn. Aus: Peter Huchel, Gesammelte Werke in zwei Bänden. Hg.
v. Axel Vieregg. © 1984, Suhrkamp Verlag AG, Berlin

Ernst Jandl (1925 in Wien – 2000 ebenda), österreichischer Dichter und Schriftsteller
Ikarus. Aus: Poetische Werke. Hg. v. Klaus Siblewski. © 2016, Luchterhand Literaturverlag, München, in der Penguin Random House Verlagsgruppe GmbH

Mascha Kaléko (1907 in Chrzanów/Galizien – 1975 in Zürich)
Sozusagen grundlos vergnügt. Aus: Mascha Kaléko, In meinen Träumen läutet es Sturm. Gedichte und Epigramme aus dem Nachlaß. © 1977 dtv Verlagsgesellschaft mbH & Co. KG, München

Erich Kästner (1899 in Dresden – 1974 in München)
Prima Wetter. Aus: Doktor Erich Kästners lyrische Hausapotheke © Atrium Verlag, Zürich 1936, und Thomas Kästner

Irmgard Keun (1905 in Charlottenburg bei Berlin – 1982 in Köln)
Einsamer Tag am Fenster. Aus: Irmgard Keun, Das Werk. Hg. i. A. der Deutschen Akademie für Sprache und Dichtung und der Wüstenrot Stiftung von Heinrich Detering und Beate Kennedy. Band 2: NS-Deutschland und Exil. 1933-1940. © Wallstein Verlag, Göttingen 2017

Sarah Kirsch (1935 in Hohenstein – 2013 in Heide)
Der Rest des Fadens. Aus: Sarah Kirsch, Sämtliche Gedichte. © 2005, Deutsche Verlags-Anstalt, München, in der Penguin Random House Verlagsgruppe GmbH

Klabund (1890 in Crossen an der Oder – 1928 in Davos)
Schneeflocken. Aus: Klabund, Das heiße Herz. Balladen, Mythen, Gedichte. Erich Reiß Verlag, Berlin 1922

Uwe Kolbe (geb. 1957 in Ost-Berlin)
Sternsucher. Aus: Uwe Kolbe, Vineta. Suhrkamp Verlag, Frankfurt am Main 1998. © Uwe Kolbe. Mit freundlicher Genehmigung des Autors

Angela Krauß (geb. 1950 in Chemnitz)
Gras unter dem Rücken und oben nichts: Aus: Angela Krauß, Ich muß mein Herz üben. Gedichte. © für diese Ausgabe: 2009, Insel Verlag Anton Kippenberg GmbH & Co. KG, Berlin

Karl Krolow *(1915 in Hannover – 1999 in Darmstadt)*
Der Augenblick des Fensters; Licht. Aus: Karl Krolow, Meine Gedichte.
© 1990, Suhrkamp Verlag AG, Berlin

Else Lasker-Schüler *(1869 in Elberfeld/Wuppertal – 1945 in Jerusalem)*
Heimlich zur Nacht. Aus: Else Lasker-Schüler, Dein Herz ist wie die
Nacht so hell. Liebesgedichte. Ausgewählt von Eva Demski. Jüdischer
Verlag im Suhrkamp Verlag, Frankfurt am Main, 1996

Paula Ludwig *(1900 in Feldkirch, Österreich-Ungarn – 1974 in Darmstadt)*
Der Stern der Mitternacht. Aus: Paula Ludwig, Gedichte. Gesamtausga-
be. © 1986, Verlag C. H. Beck, München, vormals Langewiesche-Brandt,
Ebenhausen bei München

Rainer Malkowski *(1939 in Berlin – 2003 in Brannenburg)*
Auf dem Nachhauseweg; Das Gras; Sterne. Aus: Rainer Malkowski, Die
Gedichte. Mit einem Nachwort v. Nico Bleutge. © Wallstein Verlag,
Göttingen 2009

Friederike Mayröcker *(1924 in Wien – 2021 ebenda), österreichische
Schriftstellerin*
(to my angel-brother-in-prayers). Aus: Friederike Mayröcker, Gesam-
melte Gedichte 1939-2003. Hg. v. Marcel Beyer. © 2004, Suhrkamp Ver-
lag AG, Berlin

Eduard Mörike *(1804 in Ludwigsburg, Kurfürstentum Württemberg –
1875 in Stuttgart, Königreich Württemberg)*
Er ist's; Septembermorgen. Aus: Eduard Mörike, Gedichte in einem
Band. Insel Verlag, Frankfurt am Main und Leipzig 2001

Erich Mühsam *(1878 in Berlin – 1934 im KZ Oranienburg)*
Der Komet. Aus: Erich Mühsam, Wüste – Krater – Wolken. Die Gedichte.
Paul Cassirer Verlag, Berlin 1914

Rainer Maria Rilke *(1875 in Prag, Österreich-Ungarn – 1926 im Sanatori-
um Valmont bei Montreux, Schweiz)*
Herbst; Nachthimmel und Sternenfall; Weißt du noch: fallende Sterne*.
Aus: Rainer Maria Rilke, Die Gedichte. Insel Verlag, Frankfurt am Main
1986

Joachim Ringelnatz (1883 in Wurzen – 1934 in Berlin)
Schwebende Zukunft; Sommerfrische. Aus: Joachim Ringelnatz, Sämtliche Gedichte. Diogenes Verlag, Zürich 2005

Thomas Rosenlöcher (1947 in Dresden – 2022 in Kreischa)
Die Abendmaschine; Glühwürmchenwetter. Aus: Thomas Rosenlöcher, Hirngefunkel. Gedichte. © für diese Ausgabe: Insel Verlag Anton Kippenberg GmbH & Co. KG, Berlin, 2012

W. G. Sebald (1944 Wertach/Allgäu – 2001 Norfolk/England)
Trigonometrie der Sphären (Nachlass). Aus: W. G. Sebald, Über das Land und das Wasser. Ausgewählte Gedichte 1964-2001. Hg. v. Sven Meyer. © 2008 Carl Hanser Verlag GmbH & Co. KG, München

Clemens J. Setz (geb. 1982 in Graz, Steiermark), österreichischer Schriftsteller und Übersetzer
Überaus schön. Aus: Clemens J. Setz, Die Vogelstraußtrompete. Gedichte. © Suhrkamp Verlag AG, Berlin, 2014

Eva Strittmatter (1930 in Neuruppin – 2011 in Berlin)
Ich mach ein Lied aus Stille; März in Wahrheit. Aus: Eva Strittmatter, Sämtliche Gedichte. Erw. Neuausgabe, Aufbau Verlag, 2015 (»Ich mach ein Lied aus Stille« erschien erstmals 1973 in Eva Strittmatters Gedichtband Ich mach ein Lied aus Stille und »März in Wahrheit« 1988 in Eva Strittmatters Gedichtband Atem). © Aufbau Verlage GmbH & Co. KG Berlin 1973, 2015

Ludwig Tieck (1773 in Berlin – 1853 ebenda)
Mondbeglänzte Zaubernacht. Aus: Ludwig Tieck, Schriften in zwölf Bänden. Band 7: Gedichte. Hg. v. Ruprecht Wimmer. Deutscher Klassiker Verlag, Frankfurt am Main 1995

Jan Wagner (geb. 1971 in Hamburg)
subalpine meditation. Aus: Jan Wagner, Selbstporträt mit Bienenschwarm. Ausgewählte Gedichte 2001-2015. © 2016 Hanser Berlin in der Carl Hanser Verlag GmbH & Co. KG, München

Alphabetisches Verzeichnis der Gedichtanfänge und Überschriften